大方廣佛華嚴經 寫經

52

❀ 일러두기

1. 『사경본 한글역 대방광불화엄경』은 『독송본 한문·한글역 대방광불화엄경』에 수록된 한글역을 사경하는 데 편의를 도모하기 위해 편집을 달리하여 간행한 것이다.

2. 『독송본 한문·한글역 대방광불화엄경』은 실차난타가 한역(695~699)한 80권 『대방광불화엄경』의 한문 원문과 한글역을 함께 수록한 것이다. 한문 저본은 고종 2년(1865) 월정사에서 인경한 고려대장경 『대방광불화엄경』이다.

3. 한글 번역은 동국역경원에서 발간한 한글 『대방광불화엄경』(운허)을 중심으로 하고 『신화엄경합론』(탄허)과 『대방광불화엄경 강설』(여천무비) 그리고 최근의 여타 번역본 등을 참조하였다.

4. 한글 번역은 독송과 사경을 위하여 정확성과 아울러 가독성을 고려하였다. 극존칭은 부처님과 불경계에 대해서만 사용하였다.

5. 사경본의 차례는 일러두기 → 한글역 본문 → 화엄경 목차 → 간행사이며 80권 『대방광불화엄경』의 권별 목차 순으로 독송본과 함께 간행한다. (법공양판에는 간행사 다음에 간행불사 동참자를 밝혀 두었다.)

사경본 한글역

대방광불화엄경 제52권

37. 여래출현품 [3]

수미해주

大方廣佛華嚴經第五十二卷變相 周

대방광불화엄경 제52권 변상도

대방광불화엄경

제52권

37. 여래출현품 [3]

_____ 은(는)『대방광불화엄경』을
사경하는 인연공덕으로
『화엄경』이 널리 유통되고
우리 모두 다함께 보리 이루기를 발원하옵니다.

대방광불화엄경
제52권

37. 여래출현품 [3]

"불자들이여, 보살마하살이 어떻게 여래 응정등각의 경계를 알아야 하는가?

불자들이여, 보살마하살은 막힘 없고 걸림 없는 지혜로 일체 세간의 경계가 여래의 경계임을 안다.

일체 삼세의 경계와, 일체 세계의 경계와, 일체 법의 경계와, 일체 중생의 경계와, 진여의 차별 없는 경계와, 법계의 장애 없는 경계와, 실제의 끝 없는 경계와, 허공의 분량 없는 경계와, 경계 없는 경계가 여래의 경계임을 안다.

불자들이여, 일체 세간의 경계가 한량없듯이 여래의 경계도 또한 한량없으며, 일체 삼세의 경계가 한량없듯이 여래의 경계도 또한 한량없다.

내지 경계 없는 경계가 한량없듯이 여래의 경계도 또한 한량없으며, 경계 없는 경계가 일체 처에 없듯이, 여래의 경계도 또한 이와 같아서 일체 처에 없다.

불자들이여, 보살마하살은 마음의 경계가 여래의 경계이니, 마음의 경계가 한량없고 가없으며 얽힘도 없고 벗어남도 없듯이, 여래의 경계도 또한 한량없고 가없으며 얽힘도 없고 벗어남도 없음을 마땅히 알아야 한다.

왜냐하면 이와 같고 이와 같이 사

유하고 분별함으로써 이와 같고 이
와 같이 한량없이 나타나는 까닭이
다.

불자들이여, 마치 큰 용왕이 마음
을 따라 비를 내리지만 그 비는 안에
서 나오는 것도 아니고 밖에서 나오
는 것도 아니듯이, 여래의 경계도 또
한 이와 같아서 이와 같이 사유하고
분별함을 따라서 곧 이와 같이 한량
없이 나타나지만 시방에서 다 온 곳
이 없다.

불자들이여, 마치 큰 바닷물이 다

용왕의 마음의 힘으로부터 생긴 것이듯이, 모든 부처님 여래의 일체 지혜바다도 또한 이와 같아서 모두 여래의 지난 옛적 큰 서원으로부터 생긴 것이다.

불자들이여, 일체 지혜바다는 한량없고 가없고 사의할 수 없고 말할 수 없다. 그러나 내가 이제 간략히 비유를 설할 것이니, 그대들은 자세히 들어라.

불자들이여, 이 염부제에는 이천

오백 개의 강이 있어 큰 바다로 흘러 들어가고, 서구야니에는 오천 개의 강이 있어 큰 바다로 흘러 들어가고, 동불바제에는 칠천오백 개의 강이 있어 큰 바다로 흘러 들어가고, 북울단월에는 일만 개의 강이 있어 큰 바다로 흘러 들어간다.

불자들이여, 이 사천하에 이와 같은 이만오천 개의 강이 계속하여 끊이지 않고 큰 바다로 흘러 들어간다. 어떻게 생각하는가? 이 물이 많은가?"

대답하여 말하였다. "매우 많습니다."

"불자들이여, 다시 열 광명용왕이 있어 큰 바다 가운데 비 내리니 물은 앞의 것보다 배가 되며, 백 광명용왕이 큰 바다 가운데 비 내리니 물은 다시 앞의 것보다 배가 된다.

대장엄용왕과 마나사용왕과 뇌진용왕과 난타발난타용왕과 무량광명용왕과 연주부단용왕과 대승용왕과 대분신용왕과, 이와 같은 등의 팔십억 모든 큰 용왕들이 각각 큰 바다에 비 내리니 모두 다 차례로 앞의 것보다 배가 된다.

사갈라용왕의 태자는 이름이 염부당이니 큰 바다 가운데 비 내림에 물이 다시 앞의 것보다 배가 된다.

불자들이여, 열 광명용왕의 궁전 가운데 물이 큰 바다로 흘러 들어감에 다시 앞의 것보다 배가 되며, 백광명용왕의 궁전 가운데 물이 큰 바다로 흘러 들어가는 것은 다시 앞의 것보다 배가 된다.

대장엄용왕과 마나사용왕과 뇌진

용왕과 난타발난타용왕과 무량광명
용왕과 연주부단용왕과 대승용왕과
대분신용왕과, 이와 같은 등의 팔십
억 모든 큰 용왕들의 궁전이 각각 다
른데, 그 가운데 있는 물이 큰 바다
로 흘러 들어감에 모두 다 차례로 앞
의 것보다 배가 된다.

사갈라용왕의 태자 염부당의 궁
전 가운데 물이 큰 바다로 흘러 들어
가는 것은 다시 앞의 것보다 배가 된
다.

불자들이여, 사갈라용왕이 이어서

큰 바다에 비 내림에 물이 다시 앞의 것보다 배가 되고, 그 사갈라용왕의 궁전 가운데 물이 솟아나서 바다로 들어감에 다시 앞의 것보다 배가 된다.

그 나오는 물은 감유리색이고 솟아나는 때가 있으니, 그러므로 큰 바다는 조수가 때를 잃지 않는다.

불자들이여, 이와 같이 큰 바다에 그 물이 한량이 없으며, 온갖 보배도 한량이 없으며, 중생들도 한량이 없으며, 의지하는 바 대지도 또한 한량이 없다.

불자들이여, 그대들의 뜻에는 어떠한가? 저 큰 바다가 한량이 없겠는가?"

대답하여 말하였다. "실로 한량이 없어서 비유할 수가 없습니다."

"불자들이여, 이 큰 바다의 한량없음은 여래 지혜바다의 한량없음에 백분의 일에도 미치지 못하며, 천분의 일에도 미치지 못하며, 내지 우파니사타분의 그 일에도 미치지 못한다. 다만 중생 마음을 따라서 비유한 것이나, 부처님의 경계는 비유로 미칠 바가 아니다.

불자들이여, 보살마하살은 여래의 지혜바다가 한량없음을 마땅히 알아야 하니 처음 발심함으로부터 일체 보살의 행을 닦아 끊어지지 않는 까닭이며, 보배덩이가 한량없음을 마땅히 알아야 하니 일체 보리분법과 삼보의 종자가 끊어지지 않는 까닭이다.

머무르는 바 중생들이 한량없음을

마땅히 알아야 하니 일체 배우는 이와 배울 것 없는 이와 성문과 독각이 수용하는 바인 까닭이며, 머무르는 지위가 한량없음을 마땅히 알아야 하니 처음 환희지로부터 내지 끝까지 장애 없는 지위에 이르기까지 모든 보살들이 거주하는 곳인 까닭이다.

불자들이여, 보살마하살이 한량없는 지혜에 들어가 일체 중생을 이익케 하기 위한 까닭으로, 여래 응정등각의 경계를 마땅히 이와 같이 알아야 한다.”

그때에 보현 보살마하살이 이 뜻을 거듭 밝히려고 게송을 설하여 말씀하였다.

마음의 경계가
한량없듯이
모든 부처님의 경계도
또한 그러하며

마음의 경계가
뜻으로부터 나듯이
부처님의 경계도
이와 같이 관찰할지니라.

용이 본래 처소를
떠나지 않고
마음의 위력으로
큰비를 내리니
빗물은 비록
오고 가는 곳이 없어도
용의 마음을 따르므로
모두 흡족히 적시듯이

십력의 모니께서도
또한 이와 같으셔서
좇아온 바도 없고

가는 바도 없으시나
만약 깨끗한 마음이 있으면
곧 몸을 나타내시어
양이 법계와 같지만
모공에 들어가시도다.

바다에는 진기함이
한량없으며
중생들과 대지도
또한 그러하며
물의 성품은 한맛으로
동등하여 다름없으나

그 속에 사는 자는
각각 이익을 얻듯이

여래의 지혜바다도
또한 이와 같아서
일체 있는 바가
다 한량없으니
유학과 무학과
지위에 머무른 사람이
모두 그 가운데서
요익을 얻도다.

"불자들이여, 보살마하살이 마땅히 어떻게 여래 응정등각의 행을 알아야 하는가?

불자들이여, 보살마하살은 걸림 없는 행이 여래의 행임을 마땅히 알아야 하며, 진여의 행이 여래의 행임을 마땅히 알아야 한다.

불자들이여, 마치 진여는 앞 즈음에서 생겨나지도 않고 뒤 즈음에서 움직이지도 않고 현재에 일어나지도 않듯이, 여래의 행도 또한 이와 같아서 생겨나지도 않고 움직이지도 않고 일어나지도 않는다.

불자들이여, 마치 법계가 한량있음도 아니고 한량없음도 아니니 형상이 없는 까닭이듯이, 여래의 행도 또한 이와 같아서 한량있음도 아니고 한량없음도 아니니 형상이 없는 까닭이다.

불자들이여, 비유하면 새가 허공을 날면서 백 년을 지내더라도 이미 지나간 곳이나 아직 지나가지 않은 곳을 다 헤아릴 수 없으니, 왜냐하면 허공계가 끝이 없는 까닭이다.

여래의 행도 또한 이와 같아서 가
령 어떤 사람이 백천억 나유타 겁을
지내도록 분별하여 연설하되 이미 말
한 것과 아직 말하지 않은 것을 다
헤아릴 수 없으니, 왜냐하면 여래의
행은 끝이 없는 까닭이다.

불자들이여, 여래 응정등각께서 걸
림 없는 행에 머무르시어 머무르는
곳이 없지만 능히 널리 일체 중생을
위하여 행할 바를 나타내 보여, 그들

로 하여금 보고서 일체 모든 장애 되는 길을 벗어나게 하신다.

불자들이여, 비유하면 금시조왕이 허공을 날면서 빙빙 돌며 가지 않고 청정한 눈으로 바닷속 모든 용왕들의 궁전을 관찰하고, 용맹한 힘을 떨쳐 좌우의 날개로 바닷물을 쳐올려서 모두 양쪽으로 갈라지게 하고, 암용과 수용의 목숨이 장차 다할 자를 알고 붙잡아 간다.

여래 응정등각의 금시조왕도 또한 이와 같아서 걸림 없는 행에 머무르면서 청정한 부처님의 눈으로 법계의 모든 궁전 가운데 일체 중생을 관찰하여, 만약 일찍이 선근을 심어서 이미 성숙한 자이면 여래께서 용맹한 십력을 떨치어 지와 관의 두 날개로 생사의 큰 애욕의 바닷물을 쳐올려 그것을 양쪽으로 갈라지게 하고 그를 잡아서 부처님 법 가운데 두어서, 일체 허망한 생각과 희론을 끊고 여래의 분별없고 걸림 없는 행에 편안히 머무르게 하신다.

불자들이여, 비유하면 해와 달이

홀로 같은 짝이 없이 허공에 두루 다니면서 중생들을 이익하게 하면서도 '내가 어디로부터 와서 어느 곳에 이른다'라는 생각을 하지 않는다.

모든 부처님 여래께서도 또한 이와 같아서 성품이 본래 적멸하여 분별이 없으나 일체 법계에 다님을 나타내 보이시며, 모든 중생들을 요익하게 하려는 까닭으로 모든 불사를 지어 휴식함이 없지만 '내가 저곳으로부터 와서 저기로 향하여 간다'라는 이와 같은 희론과 분별을 내지 않으신다.

불자들이여, 보살마하살이 마땅히 이와 같은 등의 한량없는 방편과 한량없는 성품과 형상으로써 여래 응정등각의 행하시는 행을 알고 보아야 한다.”

그때에 보현 보살이 이 뜻을 거듭 밝히려고 게송을 설하여 말씀하였다.

비유하면 진여는

생겨나지도 멸하지도 않고

방소도 없고

볼 수도 없듯이

크게 요익하게 하는 자의 행도

이와 같아서

삼세를 벗어나서

헤아리지 못하도다.

법계는 계도 아니고

계 아님도 아니며

한량있음도 아니고

한량없음도 아니니

큰 공덕 있는 자의 행도
또한 그러하여
유량과 무량이 아님은
몸이 없는 까닭이로다.

마치 새가
억천 년을 날아다녀도
앞과 뒤의 허공은
동등하여 다름이 없듯이
많은 겁 동안
여래의 행을 연설하여도
말한 것과 말하지 않은 것을

헤아릴 수 없도다.

금시조왕이

허공에서 큰 바다를 보고

물을 갈라

암용과 수용을 잡아가듯이

십력께서도

선근의 사람을 능히 건져내시어

존재바다를 벗어나

온갖 의혹을 없애게 하시도다.

비유하면 해와 달이

허공에 다니면서
일체를 비추지만
분별하지 않듯이
세존께서도
법계를 두루 다니시면서
중생들을 교화하되
흔들리는 생각이 없으시도다.

"불자들이여, 모든 보살마하살들
이 마땅히 어떻게 여래 응정등각의
바른 깨달음 이루심을 알아야 하는

가?

불자들이여, 보살마하살들은 마땅히 여래께서 바른 깨달음을 이루셔서 일체의 뜻에 관찰하는 바가 없으며, 법에 평등하여 의혹하는 바가 없으며, 둘이 없고 모양이 없으며, 행함이 없고 그침이 없으며, 한량이 없고 경계가 없으며, 두 변을 멀리 여의어 중도에 머무르며, 일체 문자와 말을 벗어나심을 알아야 한다.

일체 중생의 마음 생각으로 행하는

바와 근성과 욕락과 번뇌에 물든 습기를 아시니, 요점을 들어 말한다면 한 생각 중에 삼세 일체 모든 법을 다 아신다.

불자들이여, 비유하면 큰 바다가 사천하 가운데 일체 중생의 몸과 형상을 널리 능히 도장 찍듯이 나타내니, 그러므로 큰 바다라고 한가지로 말한다. 모든 부처님의 보리도 또한 이와 같아서 일체 중생의 마음 생각과 근성과 욕락을 널리 나타내되 나타내는 바가 없으니, 그러므로 모든 부처님의 보리라고 이름한다.

불자들이여, 모든 부처님의 보리는 일체 문자로 펼 수 없는 바이며, 일체 음성으로 미칠 수 없는 바이며, 일체 말로 설할 수 없는 바이지만, 다만 마땅한 바를 따라서 방편으로 열어 보일 뿐이다.

불자들이여, 여래 응정등각께서 바른 깨달음을 이루실 때에 일체 중생의 분량과 같은 몸을 얻으며, 일체 법의 분량과 같은 몸을 얻으며, 일체 국토의 분량과 같은 몸을 얻으며, 일체 삼세의 분량과 같은 몸을 얻으신다.

일체 부처님의 분량과 같은 몸을 얻으며, 일체 말의 분량과 같은 몸을 얻으며, 진여의 분량과 같은 몸을 얻으며, 법계의 분량과 같은 몸을 얻으며, 허공계의 분량과 같은 몸을 얻으신다.

걸림 없는 경계의 분량과 같은 몸을 얻으며, 일체 서원의 분량과 같은 몸을 얻으며, 일체 행의 분량과 같은 몸을 얻으며, 적멸한 열반계의 분량과 같은 몸을 얻으신다.

불자들이여, 얻으신 바 몸과 같이 말과 마음도 또한 이와 같아서, 이와 같은 등 한량없고 수없는 청정한 삼륜을 얻으신다.

불자들이여, 여래께서 바른 깨달음을 이루실 때에 그 몸 가운데에서 일체 중생이 바른 깨달음 이루는 것을 널리 보며 내지 일체 중생이 열반에 드는 것을 널리 보시니, 다 동일한 성품이다. 이른바 '성품이 없음'이다.

어떤 성품이 없는가?

이른바 모양의 성품이 없고, 다함의 성품이 없고, 생겨나는 성품이 없고, 사라지는 성품이 없고, '나'라는 성품이 없고, '나'가 아닌 성품이 없다.

중생의 성품이 없고, 중생 아닌 성품이 없고, 보리의 성품이 없고, 법계의 성품이 없고, 허공의 성품이 없고, 또한 바른 깨달음을 이루는 성품도 없다.

일체 법이 다 성품이 없음을 아는 까닭으로 일체지를 얻고 대비가 계속 이어져 중생들을 제도한다.

불자들이여, 비유하면 허공은 일체 세계가 이루어지거나 무너지거나 항상 늘어나고 줄어듦이 없으니, 왜냐하면 허공은 생겨남이 없는 까닭이다. 모든 부처님의 보리도 또한 이와 같아서 바른 깨달음을 이루시거나 바른 깨달음을 이루시지 않거나 또한 늘어나고 줄어듦이 없으니, 왜냐하면 보리는 모양도 없고 모양 아님도 없으며 하나도 없고 갖가지도 없는 까닭이다.

불자들이여, 가령 어떤 사람이 항하의 모래 수와 같은 마음을 능히 변화시켜 만들고 낱낱 마음에 다시 항하의 모래 수와 같은 부처님을 변화시켜 만들되, 다 색이 없고 형상이 없고 모양이 없으며, 이와 같이 항하의 모래 수와 같은 겁이 다하도록 휴식함이 없으면, 불자들이여, 그대들은 어떻게 생각하는가? 저 사람이 마음을 변화시켜서 여래를 변화시켜 만든 것이 얼마나 되겠는가?"

여래성기묘덕 보살이 말하였다.

"내가 어진 이의 말한 바 뜻을 이해한 것과 같다면, 변화시키고 변화시키지 않은 것이 평등하여 다름이 없는데 어찌하여 얼마나 되겠느냐고 물습니까?"

보현 보살이 말하였다.

"훌륭하고 훌륭합니다. 불자여, 그

대가 말한 바와 같아서 설령 일체 중생이 한 생각 동안에 모두 바른 깨달음을 이루더라도, 바른 깨달음을 이루지 못한 것과 더불어 평등하고 다름이 없으니, 왜냐하면 보리는 모양이 없는 까닭이며, 만약 모양이 없으면 늘어남도 없고 줄어듦도 없습니다.

불자들이여, 보살마하살은 마땅히 이와 같이 평등하고 바른 깨달음을 이루심이 보리와 같아서 한 모양이며, 모양이 없음을 알아야 한다.

여래께서 바른 깨달음을 이루실 때에 한 모양의 방편으로 잘 깨닫는 지혜의 삼매에 들어가고, 들어가서는 바른 깨달음을 이루신 한 광대한 몸에 일체 중생 수효와 같은 몸을 나타내어 몸 가운데 머무르신다.

바른 깨달음을 이루신 한 광대한 몸과 같이, 바른 깨달음을 이루신 일체 광대한 몸도 모두 또한 이와 같다.

불자들이여, 여래께서는 이와 같은 등의 한량없는 바른 깨달음을 이루시는 문이 있으니, 그러므로 마땅히 알라, 여래께서 나타내시는 몸은 한량없으며, 한량없는 까닭으로 여래의 몸이 한량없는 경계가 되며 중생계와 같다고 말하는 것이다.

불자들이여, 보살마하살은 마땅히 여래 몸의 한 모공 속에 일체 중생 수효와 같은 모든 부처님 몸이 있음을 알아야 한다.

무슨 까닭인가?

여래께서 바른 깨달음을 이루신

몸은 끝까지 생겨나고 멸함이 없는 까닭이다.

한 모공이 법계에 두루하듯이 일체 모공도 모두 또한 이와 같으니, 마땅히 알라, 조그마한 처소의 허공에도 부처님 몸이 없는 곳이 없다.

무슨 까닭인가? 여래께서 바른 깨달음을 이루심에 이르지 않은 곳이 없는 까닭이다. 그 능함을 따르고 그 세력을 따라서 도량의 보리수 아래 사자좌 위에서 갖가지 몸으로 평등하고 바른 깨달음을 이루신다.

불자들이여, 보살마하살은 자기 마음에 생각생각마다 항상 부처님께서 계셔서 바른 깨달음을 이루신다는 것을 마땅히 알아야 한다.

무슨 까닭인가? 모든 부처님 여래께서 이 마음을 떠나지 아니하고 바른 깨달음을 이루시는 까닭이다. 자기 마음과 같이 일체 중생의 마음도 또한 다시 이와 같아서, 다 여래께서 계셔서 평등하고 바른 깨달음을 이루시니 광대하고 두루하여 계시지 않은 곳이 없으며, 여의지 아니하고

끊어지지 아니하여 휴식함이 없어서
부사의한 방편 법문에 들어가신다.

불자들이여, 보살마하살은 마땅히
이와 같이 여래께서 바른 깨달음을
이루시는 것을 알아야 한다."

그때에 보현 보살마하살이 이 뜻을
거듭 밝히려고 게송을 설하여 말씀
하였다.

바른 깨달음은
일체 법을 밝게 아니

둘과 둘을 여읨도 없어
모두 평등하며
자체 성품이 청정함이
허공과 같아
'나'와 '나' 아닌 것을
분별하지 않도다.

바다가 중생들의 몸을
도장 찍듯이 나타내니
이로써 그것을
큰 바다라고 말하듯이
보리가 모든 마음 행을

널리 도장 찍으니
그러므로 이름을
'바른 깨달음'이라 말하도다.

비유하면 세계가
이루어지고 무너짐이 있으나
허공은 늘어나고
줄어들지 않듯이
일체 모든 부처님께서
세간에 출현하시나
보리는 한 모양이며
항상 모양이 없도다.

사람이 변화시키는 마음으로

부처님을 변화시켜 만듦에

변화시키고 변화시키지 않은 것이

성품은 다름없듯이

일체 중생이

보리를 이룸에

이루나 이루지 않으나

늘어나고 줄어듦이 없도다.

부처님께 삼매가 있으니

이름이 '선각'이라

보리수 아래에서

이 선정에 드시어
중생 수와 같은 한량없는
광명을 놓으셔서
중생들을 깨우치심이
연꽃이 피어남과 같도다.

삼세 겁의 세계의
중생들에게
있는 바 마음 생각과
근성과 욕망과 같이
이러한 수효와 같은
몸을 다 나타내시니

그러므로 바른 깨달음을
'한량없다' 이름하도다.

"불자들이여, 보살마하살이 마땅
히 어떻게 여래 응정등각의 법륜 굴
리심을 알아야 하는가?

불자들이여, 보살마하살은 마땅히
이와 같이 알아야 한다. 여래께서 마
음의 자재하신 힘으로 일으킴도 없
고 굴림도 없이 법륜을 굴리시니 일
체 법이 항상 일어남이 없음을 아시

는 까닭이며, 세 가지 굴림으로 마 땅히 끊어야 할 것을 끊어서 법륜을 굴리시니 일체 법이 치우친 소견을 여의었음을 아시는 까닭이다.

욕심의 경계와 경계 아닌 것을 떠나서 법륜을 굴리시니 일체 법의 허공 경계에 들어가신 까닭이며, 말씀이 없이 법륜을 굴리시니 일체 법의 설할 수 없음을 아시는 까닭이며, 끝까지 적멸하게 법륜을 굴리시니 일체 법의 열반 성품을 아시는 까닭이다.

일체 문자와 일체 언어로 법륜을 굴리시니 여래의 음성은 이르지 않는 곳이 없는 까닭이며, 소리가 메아리와 같음을 알고 법륜을 굴리시니 모든 법의 진실한 성품을 아시는 까닭이다.

한 음성 가운데 일체 음성을 내어서 법륜을 굴리시니 필경에 주체가 없는 까닭이며, 남김없고 다함없이 법륜을 굴리시니 안과 밖에 집착이 없으신 까닭이다.

불자들이여, 비유하면 일체 문자와 말이 미래 겁이 다하도록 말해도 다할 수 없는 것처럼, 부처님께서 법륜을 굴리심도 또한 이와 같아서 일체 문자로 잘 정돈하여 나타내 보이심이 휴식이 없고 끝까지 다함이 없다.

불자들이여, 여래의 법륜이 일체 말과 문자에 모두 들어가되 머무르는 바가 없다.

비유하면 글자가 일체 일과, 일체 말과, 일체 산수와, 일체 세간 출세

간의 처소에 널리 들어가되 머무르
는 바가 없다.

여래의 음성도 또한 이와 같아서
일체 처소와, 일체 중생과, 일체 법
과, 일체 업과, 일체 과보 가운데 널
리 들어가되 머무르는 바가 없다.

일체 중생의 갖가지 말이 모두 다
여래의 법륜을 여의지 않으니, 왜냐
하면 말과 음성의 실상이 곧 법륜인
까닭이다.

불자들이여, 보살마하살은 여래의
법륜 굴리심을 마땅히 이와 같이 알

아야 한다.

다시 또 불자들이여, 보살마하살이 여래께서 굴리시는 바 법륜을 알고자 한다면, 마땅히 여래의 법륜이 출생하는 곳을 알아야 한다.

무엇이 여래의 법륜이 출생하는 곳인가?

불자들이여, 여래께서는 일체 중생의 마음 행과 욕락이 한량없이 차별함을 따라서 약간의 음성을 내어 법륜을 굴리신다.

불자들이여, 여래 응정등각께 삼매가 있으니 이름이 '끝까지 걸림 없고 두려움 없음'이다. 이 삼매에 드시고는 바른 깨달음을 이룬 낱낱 몸과 낱낱 입에서 각각 일체 중생의 수효와 같은 음성을 내시는데, 낱낱 음성에 온갖 음성이 구족하고 각각 차별하여 법륜을 굴려서 일체 중생으로 하여금 다 환희하게 하신다.

능히 이와 같이 법륜을 굴리시는 것을 알면, 마땅히 알라, 이 사람은 곧 일체 부처님의 법을 수순함이 되고, 이와 같이 알지 못하면 곧 수순함이 아니다.

불자들이여, 모든 보살마하살들은 마땅히 이와 같이 부처님의 법륜 굴리심을 알아야 하니, 한량없는 중생 세계에 널리 들어가시는 까닭이다."

그때에 보현 보살마하살이 이 뜻을 거듭 밝히려고 게송을 설하여 말씀하였다.

여래의 법륜은

굴리시는 바가 없어서
삼세에 일으킴도 없고
또한 얻음도 없으시니
비유하면 문자가
다할 때가 없듯이
십력의 법륜도
또한 이와 같도다.

글자가 널리 들어가되
이르는 곳이 없듯이
바른 깨달음의 법륜도
또한 그러하여

모든 말에 들어가도
들어가는 바 없이
능히 중생들로 하여금
다 환희하게 하도다.

부처님께 삼매가 있으니
이름이 '구경'이라
이 선정에 들어가서
이에 법을 설하시되
일체 중생이
끝이 없음에
그 음성을 널리 내어

깨닫게 하시도다.

낱낱 음성 가운데

한량없는 음성이

각각 차별함을

다시 또 펼치되

세상에 자재하여

분별이 없어서

그 욕락을 따라

널리 듣게 하시도다.

문자는 안팎에서

나오지 않으며
또한 무너지지도 않고
쌓이지도 않지만
중생들을 위하여
법륜을 굴리시니
이와 같이 자재함이
매우 기특하도다.

"불자들이여, 보살마하살이 마땅
히 어떻게 여래 응정등각의 열반에
드심을 알아야 하는가?

불자들이여, 보살마하살이 여래의 큰 열반을 알고자 하면 마땅히 근본 자성을 밝게 알아야 한다.

진여의 열반과 같이 여래의 열반도 또한 이와 같으며, 실제의 열반과 같이 여래의 열반도 또한 이와 같으며, 법계의 열반과 같이 여래의 열반도 또한 이와 같다.

허공의 열반과 같이 여래의 열반도 또한 이와 같으며, 법성의 열반과 같이 여래의 열반도 또한 이와 같으며, 욕심의 경계를 여읜 열반과 같이 여래의 열반도 또한 이와 같다.

모양 없는 경계의 열반과 같이 여래의 열반도 또한 이와 같으며, '나'의 성품경계의 열반과 같이 여래의 열반도 또한 이와 같으며, 일체 법성경계의 열반과 같이 여래의 열반도 또한 이와 같으며, 진여경계의 열반과 같이 여래의 열반도 또한 이와 같다.

무슨 까닭인가? 열반은 생김도 없고 남도 없는 까닭이다. 만약 법이 생김도 없고 남도 없으면 곧 멸함이 없다.

불자들이여, 여래께서는 보살들을 위하여 모든 여래의 구경열반을 설하시는 것이 아니며, 또한 그들을 위하여 그 일을 나타내 보이시는 것도 아니다.

무슨 까닭인가?

일체 여래께서 그 앞에 항상 머무르심을 보며, 한 생각 동안에 과거 미래의 일체 모든 부처님의 색상이 원만하여 다 현재와 같음을 보되, 또한 '둘이다' '둘이 아니다'라는 생각도 일으키지 않게 하시고자 함이다.

왜냐하면 보살마하살은 일체 모든 생각에 집착함을 길이 여읜 까닭이다.

불자들이여, 모든 부처님 여래께서는 중생들로 하여금 기쁨과 즐거움을 내게 하기 위한 까닭으로 세상에 출현하시며, 중생들로 하여금 연모함을 내게 하려는 까닭으로 열반을 나타내 보이시지만, 실제로 여래께서는 세상에 출현함도 없고 또한 열반함도 없으시다.

무슨 까닭인가? 여래께서는 청정한 법계에 항상 머무르시면서 중생 마음을 따라서 열반을 나타내 보이신다.

불자들이여, 비유하면 해가 떠서 세간을 널리 비추어 일체 깨끗한 물그릇 가운데 영상이 나타나지 않음이 없어서 온갖 곳에 널리 두루하되 오고 감이 없으며, 혹은 한 그릇이 깨어지면 문득 영상이 나타나지 않는다.

불자들이여, 그대들은 어떻게 생각하는가? 저 영상이 나타나지 않음이 해의 허물이 되는가?" 대답하여 말하였다. "아닙니다. 단지 그릇이 깨어짐을 말미암음이고, 해에 허물이 있는 것은 아닙니다."

"불자들이여, 여래 지혜의 해도 또한 이와 같아서 법계에 널리 나타남에 앞도 없고 뒤도 없으며, 일체 중생의 깨끗한 마음 그릇 가운데에 부처님께서 나타나시지 않음이 없으니, 마음 그릇이 항상 깨끗하면 부처님 몸을 항상 보고, 만약 마음이 흐리고 그릇이 깨어지면 곧 보지 못한다.

불자들이여, 만약 어떤 중생이 마땅히 열반으로써 제도함을 얻을 자이면 여래께서 곧 위하여 열반을 나타내 보이시지만, 실제로 여래께서는 남도 없고 죽음도 없고 멸도함도 없으시다.

불자들이여, 비유하면 불이 일체 세간에서 능히 불의 일을 하니, 혹은 때로 한 곳에서 그 불이 꺼지면, 어떻게 생각하는가? 어찌 일체 세간의 불이 모두 꺼지겠는가?"

대답하여 말하였다. "아닙니다."

"불자들이여, 여래 응정등각께서도 또한 이와 같아서 일체 세계에서 불사를 지으시니, 혹은 한 세계에서 능히 할 일을 마치고 열반에 드심을 보이면, 어찌 일체 세계의 모든 부처님 여래께서 모두 다 멸도하심이겠는가?

불자들이여, 보살마하살은 마땅히

이와 같이 여래 응정등각의 크게 열반에 드심을 알아야 한다.

다시 또 불자들이여, 비유하면 마술사가 환술에 매우 밝아서 환술의 힘으로 삼천대천세계의 일체 국토와 도시와 마을에서 환술의 몸을 나타내 보이고 환술의 힘으로 유지하여 겁을 지내도록 머무르지만, 그러나 다른 곳에서는 환술의 일을 이미 마치고 몸을 숨기고 나타내지 않는다.

불자들이여, 그대들은 어떻게 생각

하는가? 저 큰 환술사가 어찌 한 곳에서 몸을 감추고 나타나지 않는다고 해서 문득 일체 곳에서 다 없어지겠는가?"

대답하여 말하였다. "아닙니다."

"불자들이여, 여래 응정등각께서도 또한 이와 같아서 한량없는 지혜 방편인 갖가지 환술을 잘 알아서 일체 법계에 그 몸을 널리 나타내고 유지하여 항상 머무르게 해서 미래제가 다하되, 혹 한 곳에서는 중생 마음을 따라서 짓는 바 일을 마치고 열

반함을 나타내 보이신다면, 어찌 한
곳에서 열반에 드심을 보인다고 해
서 문득 이르되 '일체에서 모두 다
멸도하셨다'라고 하겠는가?

불자들이여, 보살마하살은 마땅히
이와 같이 여래 응정등각의 크게 열
반에 드심을 알아야 한다.

다시 또 불자들이여, 여래 응정등
각께서 열반을 보이실 때에는 부동
삼매에 드시니, 이 삼매에 들고는 낱
낱 몸에서 각각 한량없는 백천억 나

유타 큰 광명을 놓으며, 낱낱 광명에서 각각 아승지 연꽃을 내며, 낱낱 연꽃에 각각 말할 수 없는 미묘한 보배 꽃술이 있으며, 낱낱 꽃술에 사자좌가 있으며, 낱낱 사자좌 위에 모두 여래께서 결가부좌하고 계시었다.

그 부처님 몸의 수효가 바로 일체 중생의 수효와 같으며, 다 가장 미묘한 공덕과 장엄을 갖추었으니, 본래의 원력으로부터 생긴 것이다. 만약 중생이 선근이 성숙한 자가 있으면 부처님 몸을 보고서 곧 다 교화를 받지만, 그러나 저 부처님 몸은 미래제가 다하도록 끝까지 편안히 머물러서 마땅함을 따라 일체 중생을 교화하여 제도하되 일찍이 때를 놓치지 않으신다.

불자들이여, 여래의 몸은 방위와 처소가 없어서 실제도 아니고 허망함도 아니나, 다만 모든 부처님의 본래 서원의 힘으로써 중생들이 제도 받을 만하면 곧 문득 출현하신다.

보살마하살들은 마땅히 이와 같이 여래 응정등각의 크게 열반에 드심을 알아야 한다.

불자들이여, 여래께서는 한량없고 걸림 없는 구경의 법계와 허공계와 진여 법성과 남도 없고 멸함도 없음과 그리고 실제에 머무르시지만, 모든 중생들을 위하여 때를 따라 나타내 보이신다. 본래의 서원을 지닌 까닭으로 휴식함이 없으며, 일체 중생과 일체 세계와 일체 법을 버리지 않으신다."

그때에 보현 보살마하살이 이 뜻을 거듭 밝히려고 게송을 설하여 말씀하였다.

해가 광명을 펴서
법계를 비추되
그릇이 깨어져 물이 새면
영상도 따라 사라지듯이
가장 수승한 지혜의 해도
또한 이와 같아서

중생들이 믿음이 없으면
열반을 보이시도다.

불이 세간에서
불의 일을 하다가
한 성읍에서
혹은 때로 꺼지듯이
사람 가운데 가장 수승한 이도
법계에 두루하시나
교화의 일이 끝난 곳에서
마침내 다함을 보이시도다.

환술사가 일체 세계에

몸을 나타내다가

능히 일이 끝난 곳에서는

곧 문득 사라지니

여래께서 교화를 마치심도

또한 그러하여

다른 국토에서는

항상 부처님을 친견하도다.

부처님께 삼매가 있으니

이름이 '부동'이라

중생 교화를 마치면

이 선정에 드시어
한 생각에 몸에서
한량없는 광명을 놓으시니
광명에서 연꽃이 나고
연꽃에는 부처님이 계시도다.

부처님 몸이 수없어
법계와 같아서
복 있는 중생들은
능히 보는 바라
이와 같이 수없는
낱낱 몸에

수명과 장엄을
다 구족하도다.

생겨나는 성품 없듯이
부처님께서 출현하시고
멸하는 성품 없듯이
부처님께서 열반하심이라
말과 비유가
모두 다 끊어졌으나
일체 이치 이루어
더불어 같음이 없도다.

"불자들이여, 보살마하살은 마땅히 어떻게 여래 응정등각을 보고 듣고 친근하여 심은 바 선근을 알아야 하는가?

불자들이여, 보살마하살은 마땅히 여래의 처소에서 보고 듣고 친근하여 심은 바 선근이 모두 다 헛되지 않음을 알아야 한다.

다함없는 깨달음의 지혜를 내는 까닭이며, 일체 장애와 어려움을 여의는 까닭이며, 결정코 구경에 이르는 까닭이며, 헛되이 속임이 없는 까닭이며, 일체 서원이 만족한 까닭이며, 함이 있는 행을 다하지 않는 까닭이다.

함이 없는 지혜를 따르는 까닭이며, 모든 부처님의 지혜를 내는 까닭이며, 미래제를 다하는 까닭이며, 일체 종류의 수승한 행을 이루는 까닭이며, 공용이 없는 지혜의 지위에 이르는 까닭이다.

불자들이여, 비유하면 장부가 조그마한 금강을 먹어도 마침내 소화

되지 않고 그 몸을 뚫고 밖으로 나온다. 왜냐하면 금강은 육신의 잡되어 더러움과 함께 머무르지 않는 까닭이다.

여래의 처소에서 조그마한 선근을 심은 것도 또한 이와 같아서, 일체 함이 있는 모든 행과 번뇌의 몸을 뚫고 지나서 함이 없는 구경의 지혜의 처소에 이른다. 왜냐하면 이 적은 선근은 함이 있는 모든 행과 번뇌와 더불어 함께 머무르지 않는 까닭이다.

불자들이여, 가령 마른 풀을 수미

산처럼 쌓았더라도 그 가운데 겨자씨만 한 불을 던지면 반드시 다 타버린다. 왜냐하면 불은 능히 태우는 까닭이다.

여래의 처소에서 조그마한 선근을 심은 것도 또한 이와 같아서 반드시 능히 일체 번뇌를 태워 버리고 구경에 남음이 없는 열반을 얻는다. 왜냐하면 이 적은 선근이 성품이 구경인 까닭이다.

불자들이여, 비유하면 설산에 약왕나무가 있으니 이름이 '선견'이다.

만약 보는 자가 있으면 눈이 청정함을 얻고, 만약 듣는 자가 있으면 귀가 청정함을 얻고, 만약 냄새 맡는 자가 있으면 코가 청정함을 얻고, 만약 맛보는 자가 있으면 혀가 청정함을 얻고, 만약 닿는 자가 있으면 몸이 청정함을 얻고, 만약 어떤 중생이 그 땅의 흙을 가지더라도 또한 능히 병을 없애는 이익을 짓게 된다.

불자들이여, 여래 응정등각의 위없는 약왕도 또한 이와 같아서 능히 일체를 지어 중생들을 요익하게 한다.

만약 여래의 색신을 보는 이가 있으면 눈이 청정함을 얻고, 만약 여래의 명호를 듣는 이가 있으면 귀가 청정함을 얻고, 만약 여래의 계행의 향기를 맡는 이가 있으면 코가 청정함을 얻고, 만약 여래의 법의 맛을 맛본 이가 있으면 혀가 청정함을 얻어서 넓고 긴 혀를 갖추어 말하는 법을 알며, 여래의 광명에 닿은 자가 있으면 몸이 청정함을 얻어 구경에 위없는 법신을 얻고, 만약 여래를 기억하고 생각하는 마음을 내는 자이면 곧 염불삼매가 청정함을 얻는다.

만약 중생들이 여래께서 지나가신 땅과 탑묘에 공양올리는 자가 있으면 또한 선근을 갖추어서 일체 모든 번뇌와 근심을 멸하여 없애고 성현의 즐거움을 얻는다.

불자들이여, 내가 지금 그대들에게 말하니, 설령 어떤 중생이 부처님을 보거나 들으면서도 업장에 얽히고 덮여서 믿고 좋아함을 내지 못하더라도, 또한 선근을 심어서 헛되이 지나

는 자가 없으며, 내지 구경에는 열반
에 들게 된다.

불자들이여, 보살마하살은 마땅히
이와 같이 여래의 처소에서 보고 듣
고 친근하여 심은 바 선근으로, 일체
모든 선하지 않은 법을 모두 여의고
선한 법을 구족하게 됨을 알아야 한
다.

불자들이여, 여래께서 일체 비유로
써 갖가지 일을 설하시지만 이 법을
말할 수 있는 비유는 없으니, 왜냐하

면 마음과 지혜의 길이 끊어져서 부
사의한 까닭이다.

모든 부처님과 보살들이 다만 중생
들의 마음을 따라서 그들로 하여금
환희하게 하려고 비유를 설하시지만
이것이 구경은 아니다.

불자들이여, 이 법문은 이름이 '여
래의 비밀한 곳'이며, 이름이 '일체
세간이 알 수 없는 것'이며, 이름이
'여래의 법인에 들어감'이며, 이름
이 '큰 지혜의 문을 엶'이며, 이름이

'여래의 종성을 나타내 보임'이다.

이름이 '일체 보살을 성취함'이며, 이름이 '일체 세간이 무너뜨릴 수 없는 것'이며, 이름이 '한결같이 여래의 경계를 수순함'이며, 이름이 '일체 모든 중생계를 능히 깨끗이 함'이며, 이름이 '여래의 근본 진실한 성품으로 부사의한 구경의 법을 연설함'이다.

불자들이여, 이 법문은 여래께서 다른 중생들을 위하여 설한 것이 아니고 오직 대승으로 나아가는 보살들만을 위하여 설하신 것이며, 오직 부사의한 수레를 탄 보살들만을 위하여 설하신 것이다. 이 법문은 일체 다른 중생들의 손에는 들어가지 않으며, 오직 모든 보살마하살들만은 제외한다.

불자들이여, 비유하면 전륜성왕에게 있는 일곱 가지 보배는 이 보배를 인한 까닭으로 윤왕임을 나타내 보인다. 이 보배는 다른 중생들의 손에는 들어가지 않으며, 오직 첫째 부인이 낳은 태자로서 성왕의 모습을 구족히 성취한 자만은 제외한다.

만약 전륜왕에게 이 태자로서 온 갖 덕을 갖춘 자가 없으면, 왕의 수 명이 다한 뒤에 이 모든 보배 등은 칠 일 동안에 모두 다 흩어져 없어진다.

불자들이여, 이 경의 진귀한 보배 도 또한 이와 같아서 일체 다른 중생 들의 손에는 들어가지 않으며, 오직 여래 법왕의 진실한 아들로서 여래 의 가문에 태어나 여래의 모습과 모 든 선근을 심은 자만은 제외한다.

불자들이여, 만약 이러한 등 부처

님의 진실한 아들이 없으면, 이와 같은 법문이 오래지 않아 흩어져 없어진다.

무슨 까닭인가? 일체 이승은 이 경을 듣지도 못하는데 어찌 하물며 받아 지니고 읽고 외우며 베껴 쓰고 분별하여 해설하겠는가? 오직 모든 보살들만이 이에 이와 같이 할 수 있다.

그러므로 보살마하살은 이 법문을 듣고는 마땅히 크게 환희하며 존중하는 마음으로 공경히 머리 숙여 받

들어야 한다. 왜냐하면 보살마하살이 이 경을 믿고 좋아하면 빨리 아뇩다라삼먁삼보리를 얻는 까닭이다.

불자들이여, 설령 어떤 보살이 한량없는 백천억 나유타 겁에 육바라밀을 행하고 갖가지 보리분법을 닦아 익히더라도, 만약 이 여래의 부사의하고 큰 위덕의 법문을 듣지 못하였거나 혹은 때에 듣고서도 믿지 않고 이해하지 못하며 따르지 않고 들어가지 못한다면 진실한 보살이라고 이름할 수 없으니, 여래의 가문에 태어날 수 없는 까닭이다.

만약 이 여래의 한량없고 불가사의하고 막힘 없고 걸림 없는 지혜의 법문을 듣고, 듣고는 믿고 이해하여 수순하고 깨달아 들어가면, 마땅히 알라, 이 사람은 여래의 가문에 태어나서 일체 여래의 경계를 수순하고 일체 모든 보살의 법을 구족한다.

일체종지의 경계에 편안히 머무르며, 일체 모든 세간의 법을 멀리 여의며, 일체 여래의 행하신 바를 출생하며, 일체 보살의 법의 성품을 통달하며, 부처님의 자재하심에 대하여 마음에 의혹이 없으며, 스승 없는 법에 머물러 여래의 걸림 없는 경계에 깊이 들어간다.

불자들이여, 보살마하살이 이 법을 듣고서는 곧 능히 평등한 지혜로 한량없는 법을 알며, 곧 능히 정직한 마음으로 모든 분별을 여의며, 곧 능히 수승한 욕락으로 모든 부처님을 눈앞에서 친견하며, 곧 능히 뜻을 내는 힘으로 평등한 허공계에 들어간다.

곧 능히 자재한 생각으로 가없는 법계에 다니며, 곧 능히 지혜의 힘으로 일체 공덕을 구족하며, 곧 능히 자연지로 일체 세간의 때를 여의며, 곧 능히 보리심으로 일체 시방의 그물에 들어간다.

곧 능히 크게 관찰함으로 삼세 모든 부처님의 동일한 체성을 알며, 곧 능히 선근 회향하는 지혜로 이와 같은 법에 널리 들어가되 들어가지 않으면서 들어가며, 한 법에도 반연함이 있지 아니하고 항상 한 법으로 일체 법을 관찰한다.

불자들이여, 보살마하살이 이와
같은 공덕을 성취하면 조금만 공들
여 힘써도 스승 없는 자연지를 얻는
다."

그때에 보현 보살이 이 뜻을 거듭
밝히려고 게송을 설하여 말씀하였
다.

모든 여래께
보고 듣고 공양올리면

얻는 바 공덕을
헤아릴 수 없으니
함이 있는 가운데서
마침내 다하지 아니하여
반드시 번뇌를 멸하고
온갖 괴로움을 떠나리라.

비유하면 사람이
조그마한 금강을 먹어도
끝내 녹지 않고
반드시 나오듯이
십력께 공양올린

모든 공덕도
의혹을 없애고
반드시 금강지혜에 이르도다.

마른 풀이 쌓여
수미산 같다 하여도
겨자씨만 한 불을 던져도
모두 타버리듯이
모든 부처님께 공양올린
적은 공덕으로도
반드시 번뇌를 끊고
열반에 이르도다.

설산에 약이 있으니
이름이 '선견'이라
보고 듣고 맡고 닿으면
온갖 병이 사라지니
만약 십력을
친견하고 들으면
수승한 공덕을 얻어
부처님 지혜에 이르리라.

이때에 부처님의 위신력인 까닭이
며, 법이 이와 같은 까닭으로, 시방

에 각각 열 말할 수 없는 백천억 나
유타 세계가 있어 여섯 가지로 진동
하였다.

이른바 동쪽에서 솟아 서쪽에서 사
라지며, 서쪽에서 솟아 동쪽에서 사
라지며, 남쪽에서 솟아 북쪽에서 사
라지며, 북쪽에서 솟아 남쪽에서 사
라지며, 변두리에서 솟아 복판에서
사라지며, 복판에서 솟아 변두리에
서 사라지는 것이었다.

열여덟 가지 모양으로 흔들리니,
이른바 흔들흔들 두루 흔들흔들 온

통 두루 흔들흔들, 들먹들먹 두루 들먹들먹 온통 두루 들먹들먹, 울쑥불쑥 두루 울쑥불쑥 온통 두루 울쑥불쑥, 우르르 두루 우르르 온통 두루 우르르, 와르릉 두루 와르릉 온통 두루 와르릉, 와지끈 두루 와지끈 온통 두루 와지끈하였다.

모든 하늘 것보다 나은 일체 꽃 구름과, 일체 일산 구름과, 당기 구름과, 번기 구름과, 향 구름과, 화만 구름과, 바르는 향 구름과, 장엄거리 구름과, 큰 광명 마니보배 구름과,

모든 보살들을 찬탄하는 구름과, 말할 수 없는 보살들의 각각 차별한 몸 구름을 비내렸다.

바른 깨달음을 이루는 구름과 부사의한 세계를 깨끗이 장엄하는 구름을 비내리며, 여래의 말씀 소리 구름을 비내려서 가없는 법계에 가득하였다.

이 사천하에서 여래의 위신력으로 이와 같이 나타내 보여 모든 보살들이 다 크게 환희하게 하듯이, 시방에 두루한 일체 세계에서도 모두 또한 이와 같았다.

  이때에 시방으로 각각 팔십 말할
수 없는 백천억 나유타 부처님 세계
미진수의 세계 밖을 지나서, 각각
팔십 말할 수 없는 백천억 나유타 부
처님 세계 미진수의 여래께서 계시
니 한가지로 명호가 보현이며, 다 그
앞에 나타나 이렇게 말씀하셨다.

  "훌륭하도다, 불자여. 이에 능히
부처님의 위신력을 받들어 법의 성
품을 수순하여 여래께서 출현하시는

부사의한 법을 연설하도다.

불자여, 우리 시방의 팔십 말할 수 없는 백천억 나유타 부처님 세계 미진수의 같은 명호의 모든 부처님도 다 이 법을 설하고, 우리가 말하는 바와 같이 시방세계의 일체 모든 부처님께서도 또한 이와 같이 설하신다.

불자여, 지금 이 모임 가운데 십만 부처님 세계 미진수의 보살마하살들이 일체 보살의 신통과 삼매를 얻었으니, 우리들이 다 수기를 주되 '한

생에 마땅히 아뇩다라삼먁삼보리를 얻으리라'라고 한다.

부처님 세계 미진수의 중생들이 아뇩다라삼먁삼보리의 마음을 내니, 우리들이 또한 수기를 주되 미래세에 말할 수 없는 부처님 세계 미진수의 겁을 지나서 다 성불하여 한가지로 명호를 '부처님의 수승한 경계'라고 할 것이다.

우리들은 미래의 모든 보살들로 하여금 이 법을 듣게 하기 위한 까닭으로 다 함께 보호하여 지닌다.

이 사천하에서 제도하는 중생과 같이 시방의 백천억 나유타 수없고 한량없고 내지 말할 수 없이 말할 수 없는 법계와 허공계와 같은 일체 세계에서 제도하는 바 중생들도 다 또한 이와 같다."

그때에 시방 모든 부처님의 위신력인 까닭이며, 비로자나의 본래 원력인 까닭이며, 법이 이와 같은 까닭이며, 선근의 힘인 까닭이며, 여래의 지혜를 일으킴이 생각으로 뛰어 넘을 수 없는 까닭이며, 여래께서 인연에 응함에 때를 놓치시지 않는 까닭이며, 때를 따라 모든 보살들을 깨우치시는 까닭이며, 지난 옛적에 지은 바가 무너짐이 없는 까닭이며, 보현의 광대한 행을 얻게 하시는 까닭이며, 일체 지혜의 자재함을 나타내시려는 까닭으로, 시방으로 각각 열 말할 수 없는 백천억 나유타 부처님 세계 미진수의 세계 밖을 지나서 열 말할 수 없는 백천억 나유타 부처님 세계 미진수의 보살들이 있어서 여기에 와서 시방의 일체 법계에 가득하였다.

보살들의 광대한 장엄을 나타내 보이고 큰 광명 그물을 놓아서 일체 시방세계를 진동시키고, 일체 모든 마군의 궁전을 무너뜨려 흩으며, 일체 모든 악도의 고통을 소멸시켰다.

일체 여래의 위덕을 나타내며, 여래의 한량없이 차별한 공덕의 법을 노래하여 찬탄하며, 일체 갖가지 비를 널리 내리며, 한량없이 차별한 몸을 나타내 보이며, 한량없는 모든 부처님 법을 받고, 부처님의 위신력으로 각각 이렇게 말하였다.

"훌륭하도다, 불자여. 이에 능히 이 여래의 무너뜨릴 수 없는 법을 설하였도다.

불자여, 우리들은 일체가 다 이름이 '보현'이고, 각각 보광명 세계의 보당자재여래의 처소로부터 여기에 왔다.

저 일체 처소에서도 또한 이 법을 설하며, 이와 같은 문구와 이와 같은 의리와 이와 같은 설함과 이와 같은 결정이 다 이곳과 같아서, 늘어나지도 않고 줄어들지도 않는다.

우리들은 다 부처님의 위신력인 까 닭이며, 여래의 법을 얻은 까닭으로, 이곳에 와서 그대를 위하여 증명한 다.

우리가 여기 온 것처럼 시방의 허 공과 같고 법계에 두루한 일체 세계 의 모든 사천하에서도 또한 다시 이 와 같다."

그때에 보현 보살이 부처님의 위신

력을 받들어 일체 보살 대중들을 관
찰하고 여래께서 출현하시는 광대한
위덕과, 여래의 바른 법을 무너뜨릴
수 없음과, 한량없는 선근이 모두 다
헛되지 않음과, 모든 부처님께서 세
상에 출현하심에 반드시 일체 가장
수승한 법을 갖춤과, 모든 중생들의
마음을 잘 능히 관찰함과, 마땅함을
따라 법을 설하되 일찍이 때를 놓치
지 않음과, 모든 보살들의 한량없는
법의 광명을 냄과, 일체 모든 부처님
의 자재하신 장엄과, 일체 여래의 한

몸과 다름없음과, 본래의 큰 행으로
부터 생기는 것을 거듭 밝히려고 게
송을 설하여 말씀하였다.

일체 여래께서

모든 지으시는 바가

세간의 비유로는

능히 미칠 수 없으나

중생들로 하여금

깨우쳐 알게 하시기 위하여

비유 아닌 비유로

나타내 보이시도다.

이와 같이 비밀하고
매우 깊은 법은
백천만 겁에도
듣기 어려워
정진과 지혜로써
조복한 자만이
이에 이 비밀하고 깊은 뜻을
듣게 되도다.

만약 이 법을 듣고
기쁨을 내면
그는 일찍이 한량없는 부처님께

공양올린 것이니
부처님의 가지로
섭수하신 바가 되어
인간과 천신들이 찬탄하고
항상 공양올리도다.

이것은 세간을 초월한
제일의 재물이 되며
이것은 모든 중생들을
능히 구제하며
이것은 청정한 도를
능히 출생하니

그대들은 마땅히 지니고
방일하지 말지니라.

〈대방광불화엄경 제52권〉

회
향
송

아차보현수승행
무변승복개회향
보원침익제중생
속왕무량광불찰

시방삼세일체불
제존보살마하살
마하반야바라밀

廻向頌

我此普賢殊勝行
無邊勝福皆迴向
普願沈溺諸眾生
速往無量光佛剎

十方三世一切佛
諸尊菩薩摩訶薩
摩訶般若波羅蜜

大方廣佛華嚴經
부록

•

대방광불화엄경 목차

•

간행사

대방광불화엄경
목차

〈제1회〉

제1권   제1품   세주묘엄품 [1]

제2권   제1품   세주묘엄품 [2]

제3권   제1품   세주묘엄품 [3]

제4권   제1품   세주묘엄품 [4]

제5권   제1품   세주묘엄품 [5]

제6권   제2품   여래현상품

제7권   제3품   보현삼매품

        제4품   세계성취품

제8권   제5품   화장세계품 [1]

제9권   제5품   화장세계품 [2]

제10권   제5품   화장세계품 [3]

제11권   제6품   비로자나품

〈제2회〉

제12권   제7품   여래명호품

        제8품   사성제품

제13권   제9품   광명각품

        제10품   보살문명품

제14권   제11품   정행품

        제12품   현수품 [1]

제15권   제12품   현수품 [2]

〈제3회〉

제16권   제13품   승수미산정품

        제14품   수미정상게찬품

        제15품   십주품

제17권   제16품   범행품

        제17품   초발심공덕품

제18권   제18품   명법품

〈제4회〉

제19권　제19품　승야마천궁품

　　　　제20품　야마궁중게찬품

　　　　제21품　십행품 [1]

제20권　제21품　십행품 [2]

제21권　제22품　십무진장품

〈제5회〉

제22권　제23품　승도솔천궁품

제23권　제24품　도솔궁중게찬품

　　　　제25품　십회향품 [1]

제24권　제25품　십회향품 [2]

제25권　제25품　십회향품 [3]

제26권　제25품　십회향품 [4]

제27권　제25품　십회향품 [5]

제28권　제25품　십회향품 [6]

제29권　제25품　십회향품 [7]

제30권　제25품　십회향품 [8]

제31권　제25품　십회향품 [9]

제32권　제25품　십회향품 [10]

제33권　제25품　십회향품 [11]

〈제6회〉

제34권　제26품　십지품 [1]

제35권　제26품　십지품 [2]

제36권　제26품　십지품 [3]

제37권　제26품　십지품 [4]

제38권　제26품　십지품 [5]

제39권　제26품　십지품 [6]

〈제7회〉

제40권　제27품　십정품 [1]

제41권　제27품　십정품 [2]

제42권　제27품　십정품 [3]

제43권　제27품　십정품 [4]

제44권　제28품　십통품

　　　　제29품　십인품

제45권　제30품　아승지품

　　　　제31품　수량품

　　　　제32품　제보살주처품

제46권　제33품　불부사의법품 [1]

제47권　제33품　불부사의법품 [2]

제48권　제34품　여래십신상해품

　　　　제35품　여래수호광명공덕품

제49권　제36품　보현행품

제50권　제37품　여래출현품 [1]

제51권　제37품　여래출현품 [2]

제52권　제37품　여래출현품 [3]

〈제8회〉

제53권　제38품　이세간품 [1]

제54권　제38품　이세간품 [2]

제55권　제38품　이세간품 [3]

제56권　제38품　이세간품 [4]

제57권　제38품　이세간품 [5]

제58권　제38품　이세간품 [6]

제59권　제38품　이세간품 [7]

〈제9회〉

제60권　제39품　입법계품 [1]

제61권　제39품　입법계품 [2]

제62권　제39품　입법계품 [3]

제63권　제39품　입법계품 [4]

제64권　제39품　입법계품 [5]

제65권　제39품　입법계품 [6]

제66권　제39품　입법계품 [7]

제67권　제39품　입법계품 [8]

제68권　제39품　입법계품 [9]

제69권　제39품　입법계품 [10]

제70권　제39품　입법계품 [11]

제71권　제39품　입법계품 [12]

제72권　제39품　입법계품 [13]

제73권　제39품　입법계품 [14]

제74권　제39품　입법계품 [15]

제75권　제39품　입법계품 [16]

제76권　제39품　입법계품 [17]

제77권　제39품　입법계품 [18]

제78권　제39품　입법계품 [19]

제79권　제39품　입법계품 [20]

제80권　제39품　입법계품 [21]

간 행 사

귀의삼보 하옵고,

『대방광불화엄경』의 수지 독송과 유통을 발원하면서 수미정사 불전연구원에서 『독송본 한문·한글역 대방광불화엄경』과 『사경본 한글역 대방광불화엄경』을 편찬하여 간행하게 되었습니다.

『화엄경』은 우리나라에 전래된 이래 일찍부터 사경되고 주석·강설되어 왔으며 근현대에 이르러서는 『화엄경』의 한글 번역과 연구도 부쩍 많이 이루어졌습니다. 그만큼 『화엄경』이 우리 불자님들의 신행과 해탈에 큰 의지처가 되었던 것임을 알 수 있습니다.

『화엄경』을 독송하고 사경하는 공덕은 설법 공덕과 함께 크게 강조되어 왔습니다. 그리하여 수미정사 불전연구원에서도 『화엄경』(80권)을 독송하고 사경하는 데 도움이 되도록 한문 원문과 한글역을 함께 수록한 독송본과 한글역의 사경본 『화엄경』 간행불사를 발원하였습니다. 이 『화엄경』 간행불사에 뜻을 같이하여 적극 후원해주신 스님들과 재가 불자님들께 깊이 감사드립니다. 또한 『화엄경』을 수지 독송할 수 있도록 경책의 모습으로 장엄해 주신 편집위원들과 담앤북스 출판사 관계자들께도 고마움을 표합니다.

끝으로 이 불사의 원만 회향으로 『화엄경』이 널리 유통되고, 온 법계에 부처님의 가피가 충만하시길 기원드립니다.

나무 대방광불화엄경

불기 2564년 '부처님오신날'을 봉축하며
수미해주 합장

위태천신(동진보살)

수미해주 須彌海住

호거산 운문사에서 성관 스님을 은사로 출가, 석암 대화상을 계사로 사미니계 수계, 월하 전계사를 계사로 비구니계 수계, 계룡산 동학사 전문강원 졸업, 동국대학교 불교대학 및 동 대학원 졸업, 철학박사, 가산지관 대종사에게서 전강, 동국대학교 불교대학 교수, 동학승가대학 학장 및 화엄학림 학림장, 중앙승가대학교 법인이사 역임.
(현) 수미정사 주지, 동국대학교 명예교수.
저·역서로 『의상화엄사상사연구』, 『화엄의 세계』, 『정선 원효』, 『정선 화엄 1』, 『정선 지눌』, 『법계도기 총수록』, 『해주스님의 법성게 강설』 등 다수.

사경본 한글역
대방광불화엄경 제52권

| 초판 1쇄 발행_ 2025년 1월 24일

| 엮 은 이_ 수미해주
| 엮 은 곳_ 수미정사 불전연구원
| 편집위원_ 해주 수정 경진 선초 정천 석도 박보람 최원섭
| 편 집 보_ 무이 무진 지욱 혜명

| 펴 낸 이_ 오세룡
| 펴 낸 곳_ 담앤북스
　　　　　서울특별시 종로구 새문안로3길 23 경희궁의 아침 4단지 805호
　　　　　대표전화 02)765-1251 전자우편 dhamenbooks@naver.com
　　　　　출판등록 제300-2011-115호
| ISBN_ 979-11-6201-517-9 04220

정가 10,000원
ⓒ 수미해주 2025